사랑니, 뽑다

사랑니, 뽑다
홍오선 제6시조집

초판 인쇄 | 2006년 10월 20일
초판 발행 | 2006년 10월 25일

지은이 | 홍오선
펴낸이 | 신현운
펴는곳 | 연인M&B
디자인 | 이희정
기 획 | 여인화
등 록 | 2000년 3월 7일 제2-3037호
주 소 | 143-874 서울특별시 광진구 자양동 680-25호 (2층)
전 화 | (02)455-3987, 3437-5975 팩스 | (02)3437-5975
홈주소 | www.연인mnb.com / www.yeoninmb.co.kr
이메일 | yeonin7@chol.com

값 10,000원

저자와의 협의에 의하여 인지는 생략합니다.
ⓒ 홍오선 2006 Printed in Korea

ISBN 89-89154-67-7 03810

이 책은 연인M&B가 저작권자와의 계약에 따라 발행한 것이므로 본사의 허락 없이는 어떠한 형태나 수단으로도 이 책의 내용을 이용하지 못합니다.
잘못된 책은 바꾸어 드립니다.

사랑니, 뽑다

홍오선 제6시조집

사랑은 아픈 거라며, 아름아름 앓는 거라며
감싸고 다독여 온 마흔 해, 사랑니 뽑다
아득한 삶의 분화구 길이 하나 놓인다

연인 M&B

| 시인의 말 |

일어서기 위해서
걷기 위해서
날기 위해서

제대로 연습 한 번 못해 보고
닥치면, 그냥 그대로
어물어물 넘기며
떠밀리듯 살아왔다.

남의 화려한 날갯짓을
부러워만 했지
드러내고 못해 본 연습을
이제부터는 해야겠지⋯⋯
이별이라는 크나큰 과제를 앞에 놓고
어찌 연습 없이
또 내일을 맞을 것인가 마는
연습도 시작하기 전에

다시 두렵다.

2006년 10월
홍오선

| 차례 |

제1부 황홀한 조연

사랑니, 뽑다 12

황홀한 조연(助演) 13

폐선 14

가을 삽교호 15

바람개비 16

거울 18

징검다리 19

팔도 엿장수 20

수레 22

마당극 한 마당 23

숨바꼭질 24

느개 25

제 망매가(祭 亡妹歌) 26

조약돌 27

제2부 연리지(連理枝)

가을, 오동 30

꽃이 지네 31

연리지(連理枝) 32

낙엽 한 장 33

다시, 진달래 34

갈대 1 35

꽃의 의미 1 36

꽃의 의미 2 37

박꽃 38

냉이꽃 39

벚꽃 40

고사목 41

억새 42

제3부 가시나무새

바람에 부쳐 44

풍경(風磬) 소리 46

가시나무새 48

너는, 50

안개 52

눈 오는 밤 53

늪 54

풍경(風磬) 55

열나흘 달 56

낮달 2 57

낮달 3 58

호수 59

저문 강 60

발자국 61

연(緣) 62

모르겠어요 63

꿈길 64

간헐천 65

죄 66

목련 지다 67

제4부 환녀의 웃음

유리에 관한 몇 줄 70

연어에 대하여 72

환녀(還女)의 웃음 74

목숨 75

눈물, 전쟁과 우애 76

이슬 77

장애물 넘기 78

황사현상 80

고니 81

그림자 82

갈대 2 83

가을, 하늘공원 84

처서(處暑) 85

파도 86

근황(近況) 88

제5부 마음에는 꽃을 달고

황산 일출 1 90

황산 일출 2 92

마음에는 꽃을 달고 93

죽음의 계곡에서 94

그날의 북소리 95

미소 96

압살라 97

수상마을 아이들 1 98

수상마을 아이들 2 99

태풍의 한가운데 100

백기(白旗)의 소녀 101

피의 장성(長城) 102

선물 104

초록 편편(片片) 106

| 해설 |
일상과 여행, 꽃에게서 삶의 길을 묻다 · 오종문 109

제1부 황홀한 조연

어차피 연극인데,
세상살이 3막 5장

주연 한 번 못해 본 게
부끄럽고 한이지만

조연의
눈물 젖은 빵
그게 바로 사는 맛.

왁자한 무대 뒤 끝
몰래 눈물 훔치다가

'그래도 한 번쯤은
볕들 날이 있으리라'

한 마디
대사(臺詞) 없이도
결곡하게, 황홀하게.

사랑니, 뽑다

사랑은 아픈 거라며
아름아름 앓는 거라며

감싸고 다독여 온
마흔 해, 사랑니 뽑다

아득한
삶의 분화구
길이 하나 놓인다.

황홀한 조연(助演)
―따라지의 향연

어차피 연극인데,
세상살이 3막 5장

주연 한 번 못해 본 게
부끄럽고 한이지만

조연의
눈물 젖은 빵
그게 바로 사는 맛.

와자한 무대 뒤 끝
몰래 눈물 훔치다가

'그래도 한 번쯤은
볕들 날이 있으리라'

한 마디
대사(臺詞) 없이도
결곡하세, 황홀하세.

폐선

부르면 목에 걸려 목이 잠긴 그 이름을

한사코 못 버리고 가슴 안에 묻은 죄로

삼생을
뻘 속에 갇혀도
미련 없을 내 젊음아.

끝내 노래 한 소절 부르지도 못한 채

날렵하던 푸른 돛기 문득 무너지고

달무리
뱅뱅 돌다가
스러지던 그 여름날.

가을 삽교호에서

여름내 들썩이던 환청의 여운 속에
보낼 것 못 보낼 것 서둘러 보내놓고
빈 가슴 출렁거리며 썰물 지는 바다 한 끝.

가을이면 어김없이 찾아오는 허한 갈증
제풀에 또다시 도지는 어질머리 조각배
갈대는 흰 속살을 풀어 잠시 나를 묶는다.

이순(耳順)쯤 되어서는 용서할 줄도 알아야지……
생전의 당신 말씀 바람인가 물결인가
웃자란 망상의 싹을 매만지고 달래야지.

바람개비

때때로 엇갈리며
헛도는 나의 일상

한 번쯤은 보란 듯이 휘달리고 싶었는데

바람은
거꾸로 간다
날 두고 혼자 간다.

동서에서 남북으로
어제, 그리고 내일
언제 어디서고 바람은 불건마는
한사코 한 곳만 바라보다 굳어 버린 시력이여.

등 떠밀려 살아온 서러운 반쪽 세월
눈 시린 순간순간 희미한 옛일까지
가만히 손으로 돌린다
아득하다, 그 고샅길.

퇴화된 날개 사이로 바람이 들고 날 때
날고 싶다, 날고 싶다, 잠든 욕망 들깨우면
비로소
신열 끓는 내 아픔
꽃이 되어 벙근다.

거울

하루 한 번씩은
마주하는 은막의 세계

첩첩히 쌓인 탐욕
흠칫 놀라 닦노라면

내 안에
또 다른 내가
가만히 눈을 뜨네.

징검다리

강물이 너무 깊어
네게 갈 수 없다면

마음의 옹이를 잘라
잇고 싶은 징검다리

그 한 끝
기도로 놓으면
하늘 문에 닿을까.

팔도 엿장수
―TV 아침마당

사람 축에 못 든다고
자탄하던 육십여 년

앙금보다 짙은 인생
자서전이 눈물겹다

신명난 가위질 소리
한 마당 연극 아닌가.

풍물패 이끌고 다닌
논산 난장 한쪽에서

치솟는 혈기와 울분
판소리로 토해내며

눈물 반 막걸리가 반
그 설움을 마셔댔다.

평생을 받침목처럼
든든했던 조강지처

이제 두 손 잡고
함께 가는 황혼 길은

밑그림 환한 수채화
한 폭의 그림이어라.

수레
―자화상

오늘 하루 무사했구나
그런대로 잘 넘겼구나

오솔길, 자갈밭길, 비탈길 다 지나서

대로에
들어섰는데
자꾸 힘이 부치다.

모난 세상 돌부리에 긁히고 넘어져도

혹여나 내 바퀴에 상처 난 길 없었을까

앞섶을 여미어 가며 지난날을 돌아본다.

마당극 한 마당

맨바닥에 앉아 봐야 세상을 안다던가
고비고비 꼬여 있던 창자배알 다 뱉어내고
한바탕 웃고 나면은 어느새 맺힌 눈물.

한평생 묻어놓았던 한스러운 굳은 뿌리
오늘만은 신명나게 굿거리로 풀어 볼까
인생은 오르 내리막길 서럽다고만 할 것인가.

댓줄기 피울음은 웃음으로 날려 보세
천만근(斤) 내 멍에도 독설로 풀어내고
서럽게 갈앉은 앙금 바람결에 지워 보세.

숨바꼭질

빤히 알 것도 같은
내 안의 나를 찾는 일

온 밤을 다 눕혀도
애만 타는 술래구나

갈수록 갇히는 미로
허공 잡는 빈 손 뿐.

는개

내 아린 실핏줄이
아슴아슴 풀려나와

산허리를 부여잡고
산등성이 적셔놓고

마지막
그 뒷모습마냥
내 눈을 가리우다.

제 망매가(祭 亡妹歌)

이승과의 인연길이
고작 요것뿐이더냐

새끼들 눈에 밟혀
차마 눈이 감기더냐

남이야
서럽다한들
네 심중 헤아릴까……

내, 정녕
오늘 일은 꿈이라
생각하자

꿈에서 깨어나면
잡아라도 볼 텐데……

이렇게
가고 말 것을,
이렇게 가는 것을……

조약돌

죄업을 갈고 닦는
살신공양의 저 눈빛들

끝도 없는 간구(懇求)가
하늘에 닿았음인지

꿰 비친
천지조화가
마음밭에 일고 있네.

제2부 연리지(連理枝)

우리, 둘로 나뉘어
천년토록 마주보며

서로의 눈동자에
글썽이는 눈물이다가

비로소
두 손 맞잡아
하늘 길을 만드는데……

그토록 그리던 염원
가지마다 촉을 틔워

안타깝던 우리 사랑
오늘에야 꽃 피우니

비익조(比翼鳥) 이승을 날아와
내 품에 깃들거라.

가을, 오동

담금질, 풀무질도 무릎 꿇어 쓸어안고

몸서리칠 그 젊음과 단풍진 몸도 지운 후

허황한 그림자 사이로 나부끼고 있는 나.

꽃이 지네

풋내기 가슴에 쌓인 하룻밤의 만리장성

내 안에 버는 것이 몰래 피운 꽃이었음을

그대가 떠나고서야 알아채는 미련퉁이.

단 한 줄 변명이라도 놓고 가면 좋았을 걸

저자엔 눈치도 없이 흐드러진 꽃 난전

무시로 터지는 한숨에 꽃이 지네, 꽃 지네.

연리지(連理枝)

우리, 둘로 나뉘어
천년토록 마주보며

서로의 눈동자에
글썽이는 눈물이다가

비로소
두 손 맞잡아
하늘 길을 만드는데……

그토록 그리던 염원
가지마다 촉을 틔워

안타깝던 우리 사랑
오늘에야 꽃 피우니

비익조(比翼鳥) 이승을 날아와
내 품에 깃들거라.

낙엽 한 장

여직껏
무얼 했나
문득 뒤를 돌아보니

나뭇잎
공중을 돌아
앞서 길을 가고 있네

미련 다
떨쳐 버리고
바람의 등에 업혀.

다시, 진달래
—4·19에 부쳐

젊음을 사루고 간
수유리 묘역 위엔

반백 년 그리움이
차마 떠나지 못해

이 봄날
피 울음 속에
먹뻐꾸기 울더이다.

세월이 약이라고
더러는 잊히겠지만

아직도 활활 타던
그날 그 산, 눈에 밟혀

꽃 울음
목놓아 울며
너를 안고 가느니.

갈대 1

강가에 누웠어도
파도를 꿈꾸는 나

밤마다 달빛으로
정수리를 헹궈내며

은발의 갈기를 세워
바다를 훑고 싶다.

꽃의 의미 1

해마다 이맘때면
다시 활활, 타는 목숨

너를 향한 곡진한 맘
말로는 다 모자라서

온몸에 심지 돋우고
꽃이 되고
재가 되고.

앙가슴
찢고 찢으며
너를 향해 피워 올린

그 불꽃, 목마름을
눈치채지 못하는 너

내일은
그 이름 묻고
다시 노래 부르리라.

꽃의 의미 2

한 바람 불던 그날
내치고 간 너로 해서

어둠의 나락에 갇혀
수도 없이 꿈꾸었지

기어이
환생하련다
나를 버린 네 곁에.

달콤한 사랑 뒤엔
모진 바람 불지라도

오늘 또 하릴없이
꽃을 환히 피워낸다

언제쯤
네 앞에 서서
당당한 꽃이 될까.

박꽃

여름내 불면의 창을
하얗게 밝히던 그때

막막한 가슴에선
사리(舍利) 같은 달이 뜨고

끝끝내 잊지 못한 사모
전설 같이 피더니라.

흐르면 흐르는 대로
넘치면 넘치는 대로

인연이 닿는 대로
물길 따라 가다 보면

바람아,
너는 무엇을 담아
네 안에 꽃 피우려나.

냉이꽃

아직도 살아 있음이 뭉클한 그 이유는

첫 봄날 누군가를 망연히 기다리듯

이렇게 떨리는 얼굴로 네 하늘을 지킴이리.

너를 향해 목을 드는 낱낱의 꽃잎마다

그렁한 눈물인 걸 하나씩의 별빛인 걸

여직껏 부여잡은 채 놓지 못한 인연 줄.

벚꽃

하얗게 마음이 달뜬 가시내 나들이 길

술 익듯 그리움이 단내로 익는 오늘

하르르 바람의 끝을 무슨 수로 잠재우나.

고사목

네 마음 다 안다고
내가 바로 너라면서

더운 피 들끓던 그때
사랑은 내게로 와서

끝없이 사루던 기도
하늘 길을 닦았는데,

천둥에 귀를 먹고
번갯불에 목이 잘려

늘 시린 옆구리엔
진눈깨비 치곤 한다

언약도 흩어져 버린
건공중의 한 잎 허사(虛辭).

억새
—상암동 하늘공원에서

쓰레기 더미 속에서
고개를 내밀고 보니

미련 없이 내다 버린
욕심의 찌꺼기들

저 하늘
쳐다보기 전
내 눈부터 가렸습니다.

미움의 불씨 살아
속 태우던 그 옛일도

진작에 알았더라면
강물에 흘려 버릴 것을,

예 서서
홀홀 털어 버리고
허리 다시 세웁니다.

제3부 가시나무새

한 벌 뿐인 목숨인들
두려우랴, 아까우랴

네 혈맥 곳곳으로
내 뜨거운 피가 돌아

비로소
가시 꽃에 피는
천년 사랑 천년 노래.

바람에 부쳐

풍차

네게서 묻어오는
그 안부, 멀고 멀다

한 줄기 바람으로는
옛 일을 다 삭힐 수 없어

쉼 없이
돌고 또 도는
내 사랑 허허롭다.

노을

못 다 부른 이름 있어
붉어지는 눈시울이여

더는 참지 못해
왈칵 터진 울음이

홍건히
하늘에 떠돈다
한순간 꽃이 진다.

풍경(風磬) 소리

(1)

목어 소리 잦아들자
산도 따라 숨죽이네

적멸을 꿈꾸는 풍경(風磬)
바람이 깨뜨리고 가면

어둠도
화들짝 놀라
유마경(維摩經)을 외운다.

* 유마경:불교 경전. 정식 명칭은 '유마힐소설경(維摩詰所說經)'이며, '불가사의해탈경(不可思議解脫經)', '정명경(淨名經)'이라고도 한다.

(2)

바람을 탓해 본들
달라질 게 있을까

무진장 돌고 도는
질긴 업장 덜지 못해

살 저미며
올리는 공양
먼 허공에 실금이 간다.

가시나무새

짐짓 내 사랑을
외면하는 당신 앞에

단 한 번 고운 노래
부를 수만 있다면

천만 번 네 가시에 찔려
죽으리라, 죽으리라.

내 온몸 조각조각
세상을 떠돌더라도

뉘 모르게 덮었었던
가시 같이 아픈 사랑

내 심장
피울음 찍어
연서 한 장 써 보내리.

한 벌 뿐인 목숨인들
두려우랴, 아까우랴

네 혈맥 곳곳으로
내 뜨거운 피가 돌아

비로소
가시 꽃에 피는
천년 사랑 천년 노래.

너는,

때때로 물안개로
기다리는 너의 모습

아픔보다 그리움이
먼저 와서 소리치면

깃보다
가벼운 심장
나직나직 우는가.

가끔은 안개비로
때로는 회오리로

차가운 나의 어깨
진심으로 녹이는 손

언제나
꿈처럼 왔다가
바람처럼 엇스치네.

세월의 간이역마다
날 부르는 그 목소리

묻고 돌아서면
그 뿐일 줄 알았는데

점점이
남긴 발자국
가슴에 화석이 되네.

안개

아렸던 내 지난날 실실이 풀어져서

어설피 끼어들다 마음만 어수선해

제대로 눈도장 한 번 찍어 보지도 못한 채

갈수록 쌓이는 미련 범람하는 강물인가

어지러운 소용돌이 어느덧 힘이 부쳐

미명(未明)에 퍼지는 기미(幾微) 거둘 수도 멈출 수도……

눈 오는 밤

그 많던 낭설들을
지우개로 다 지우고

새하얀 마음밭엔
무슨 글을 써놓을까

아직은
마음이 시려
한 글자도 못 쓰겠네.

채곡채곡 개켜두고
아껴둔 한 마디 말

어둠에 풀어놓으면
네게 닿을 수 있을까

한 송이
눈꽃으로 피는
네 모습만 환한데……

늪

눈물도 죄스러워
속으로만 삼켰었지

우는 것도 사치라고
해와 달을 숨죽이며

그 눈물
여과지로 걸러
제 스스로 늪이 되었지.

눈 귀 닫고 엎드려도
샘 줄기는 마르지 않아

지친 갈대 품어 안고
당당히 키운 목숨

누군들
잣대로 재랴
천길만길 벼랑 속을.

풍경(風磬)

거꾸로 매달려서도
오직 너만 바랬더니

이내 스쳐 가 버리는
애운한 바람이구나

변죽만
건드렸어도
무진장 복판이 우는.

잊는다,
잊었다고
그리 말은 했지만은

네게 향한 이 마음을
더는 접을 수 없어

해종일
빈 울음만 문 채
과녁으로 꽂히는 나.

열나흘 달

잡은 손 뿌리치고
훌쩍 떠난 그 순간이

서천에 걸린 달로
다시 와준다 해도

네 눈빛
아른거리어
달무리가 질 수밖에.

섬 하나 녹여내는
애 끊는 가락 속에

사랑은
망부석 되어
아리아리 울더니라

접어서
골이 진 가슴에도
달빛 흘러내릴까.

낮달 2

잊자더니
잊어 버리자더니
아 아, 천륜(天倫)일레,

네 그림자 지우려고
피를 쏟던 육자배기

예까지
또 따라와서
목이 메는
하늘 한 끝.

낮달 3

행여 네 소식 들을까
문고리에 매달려서

한겨울 긴 긴 꿈이
바래어 사월 때까지

마른 꽃 한 장 피우고
서쪽으로 돌아서는.

호수

그대 머물다 간
크고 작은 파문들을

물살은 제 스스로
감싸고 잠재워도

사랑에
부대낀 상처는
좀처럼 아물질 않네.

네 생각만으로도
한없이 깊어지는

한 잎 조각배로
나를 밀어 저어가면

물 이랑
뒤채이듯이
한 세월이 서걱인다.

저문 강

즈믄 해 저편에서
손짓하는 까치놀에

내 마지막 기다림이
활활 타고 있었네

이제 와
뒤돌아보면
남을 것은 무언가.

피안을 향해 고개드는
미망을 털지 못해

물살에 부대끼면서
너를 찾는 내 이순(耳順)은

손 저어
홀로 떠가는
저문 강의 조각배.

발자국

한 발짝 디딜 때마다
고단했던 이야기도

물살에 씻기면서
빛날 때가 있었건만

자서전
발자국마다
눈물이 고여 있네.

할머니 가시던 길
내 어머니 따르시듯

아니다 하면서도
그 길을 가고 있는

조선의 어미들이여,
내 가슴의 가인이여.

연(緣)

잠자리 날개에 스쳐
모래가 된 바위라도

너와 나 엇비꼈던
인연줄만 못하리라

삼천 생
다시 또 삼천
기다리는 너와의 연(緣).

모르겠어요

간 곳을 모르겠어요
간 뜻도 모르겠어요

삼천 배(拜)에 한 번쯤
돌아보신다기에

오로지
아미타부처님
목이 타도록 불렀어요.

이렇게 짧은 인연만을
허락하신 것도 내 탓,

눈물로 밤을 헹궈
어둠인 것도 내 탓,

그래도
모르겠어요
부처님의 깊은 뜻을.

꿈길

너와 나 건너지 못할 강물이 가로놓여
마지막 완행열차를 눈앞에서 또 놓친다
시간의 뒤안길에서 본
생생한 꽃 자줏빛.

너무 많이 흘러가 버린 희미한 길 위에서
세상은 거꾸로 돌리지도 못한다며
추억은 소중한 것이라
바람개비만 돌린다.

너는 아직 여남은 살 근처를 헤매고 있고
어둠을 걸러내는 무지갯빛 여과지
눈 뜨면 날아가 버릴까
차마 깨지 못한다.

간헐천

수억 년 깊이 갇혀
잠들지 못한 욕망

그 무슨 죄목을 들어
이토록 들끓는가

마침내 벼랑 끝까지
나를 몰고 가시는가.

접혔던 마음 펴고
또 한 번 무릎 꿇고

참회의 머리맡을
기도로 닦으오니

하늘 문 열어주소서
나를 용서하소서.

죄
―장미

너를 몰래 훔쳐본 죄
사랑이란 죄명으로

수도 없이 가시에 찔려
혼절했다
깨어났다

피보다
더 아린 정한이
날 기다리고 있었네.

가슴마다 눈길마다
자자형(刺字刑) 푸른 흔적

넘치는 눈물로도
씻지 못할 아픔인데

아! 끝내
눈이 멀어서
다시 널 볼 수 없어라.

목련 지다

긴 긴 여정 끝에
기다림이 앉아 있다

바람을 재우려고
간밤 내내 기도했건만

황망히
가 버린 자취
적막하다 저, 꽃잎.

제4부 환녀의 웃음

세상 모두가 다 나를 버린다 해도
하늘만은, 내 하늘만은 그렇지 않겠지……
그 하늘 무너져 내린 자리에
미친 꽃 하나 피어났지.

피붙이가 보고파서, 고향 하늘 보고파서
구천(九泉)보다 더 먼길을 잘린 육신 끌고 오니
닫힌 문 너무 높더라
천상 천하 죄인이네.

통곡은 사칠(奢侈)레라, 터지는 피 틀어막고
분노가 녹아내린 뼈마디도 주저앉아
온몸이 바서지더니
헤실헤실 퍼지더라.

유리에 관한 몇 줄

짝사랑

나를 다 내보여도 그대로 지나치네
담아둘 가슴이 없어 기억조차 못하는가
네 주위 어른거리다
심장 깊이 베인 상처.

떨리는 가슴으로 몰래 다가서다
문득 비수처럼 꽂힌 싸아한 가을 햇살
비명도 지르지 못한 채
돌아선 내 뒷모습.

눈 하나 깜짝 않는 무표정 속에서도
혹여나 실금 같은 연분 한 줄 있을까
수줍게 손 내밀어 봐도
너는 끝내 묵묵부답.

첫사랑

누가 널
가슴이 없는 꽃이라 할 것인가

천(千)의 손
천(千)의 소리
천(千)의 혼
천(千)의 생각

비로소
천년에 한 번
내 가슴에 피는 꽃.

연어에 대하여

어머니 1

거슬러 온 물 굽이에
또 한 명(命)줄 이어놓고

맨손으로 당기시는
인연의 굵은 심줄

비로소
만삭의 몸을 풀고
의연히 눈을 감다.

어머니 2

생과 사 고행 길에
죽음도 마다 않고

살아 천년, 죽어 천년
제 앞에 계실 줄 알았더니

못 지울
회한만 남기고
허위단심 가신 당신.

환녀(還女)의 웃음

세상 모두가 다 나를 버린다 해도
하늘만은, 내 하늘만은 그렇지 않겠지……
그 하늘 무너져 내린 자리에
미친 꽃 하나 피어났지.

피붙이가 보고파서, 고향 하늘 보고파서
구천(九泉)보다 더 먼길을 잘린 육신 끌고 오니
닫힌 문 너무 높더라
천상 천하 죄인이네.

통곡은 사칠(奢侈)레라, 터지는 피 틀어막고
분노가 녹아내린 뼈마디도 주저앉아
온몸이 바서지더니
헤실헤실 퍼지더라.

*환녀(還女):환향녀(還鄕女). 병자호란 때 청나라에 끌려갔다가 돌아온 부녀자들을 환향녀라고 불렀다.

목숨
―영화 실미도를 보고

너와 나 하늘 아래 한 점 티끌로 떠돌아
사방을 둘러봐도 꽉 막힌 가슴 둘 데 없어라
아! 아! 아! 통곡하고 싶은 게 어디 우리 목숨뿐이리.

어차피 죽은 목숨, 욕망도 저당 잡혀
유예(猶豫)된 부피만큼 그리움은 차 올라도
어머니 그리운 품은 돌아갈 수 없는 강이 되었다.

미치지 않고서야 살아갈 수 있을까만
그래도 한 사람쯤 생목숨 부지해서
저 하늘 끝간 곳에선 우리 진실 마주하자.

진실은 어디까진가 얼굴 묻고 물어 봐도
피멍든 가슴 사이로 바람이 들고나도
목숨은 언제까지나 올가미 씌운 굴레였다.

눈물, 전쟁과 우애
―태극기 휘날리며

총구 앞에 선 여자의 진실은 무엇일까
죄 없이 죽어간 내 누이 형제 앞에
떳떳이 내세울 수 있는 눈물조차 없었다.

전쟁이 아니었다면 환하게 웃었을까
파르르 떠는 눈이 진실을 묻는 잠시
드러난 햇살 속으로 오십 년 아픔이 깨어난다.

눈물이 마른 자리에 어둠이 그득하고
피 어린 능선에서 젊은 피가 산화(散華)할 때
형제는 감싸안은 채 무엇을 절규하나.

엇갈린 우리 세대 마지막 우애 속에서
눈물에 범벅이 된 채 절규하는 이 산하여
장롱 속 미완의 구두는 이 땅의 자화상이다.

이슬
—지금, 만나러 갑니다

빗줄기에 스며 있는 수국 같은 그녀 생명
시공을 넘나드는 천륜의 사랑 앞에
동화 속 아카이브별, 환상의 문을 열다.

하나 둘 넘겨지는 책갈피의 추억 따라
빗물 속엔 눈물의 꽃 수도 없이 피고 지고
꿈결에 영롱히 만난 이슬 같은 시간들.

고흐의 해바라기 눈부시던 색 도화지
애틋이 펼쳐놓은 수채화 한 점 남기고
숲으로 사라진 사랑, 지금 만나러 갑니다.

* 지금, 만나러 갑니다:일본 작가 이치카와 타쿠지의 원작으로 생과 사를 둘러싼 이야기의 경계선상을 살아가는 여주인공이 28세에 병으로 죽게 된다. 죽기 전에 '비의 계절에 돌아오겠다'라는 말을 남기고, 진짜 1년 후 '비의 계절'에 돌아와서 가족이 함께 살게 된다. 그러나 6주간의 비의 계절이 끝나고는 다시 '아카이브별'로 돌아간다.

장애물 넘기

내 인생 곳곳마다
진을 치고 앉은 장애물

잘난체 버티고 섰지만
걸림돌에 불과한 걸

고단한 줄도 모르고
독이 올라 꼿꼿하네.

이제 그만 놓아다오 고약한 인연줄을
잡힌들 잡아 본들 다 같이 피곤한 법
승부는 어디고 없다
시간만 낭비일 뿐.

내 걸림돌 되려고
먼저 와 자리 잡고

덜미를 낚아채려
손톱을 세워 보지만

마지막
돌아가는 길
혼자 남은 너뿐이다.

황사현상

바람 속에 흩날리는
어지러운 네 욕망이

치유 못할 상처인 줄
알면서도 모르는 척

한 가닥 진실마저도
외면하고 눈 가린 너.

아무리 흔들어도
헐지 못할 벽은 쌓이고

털지 못할 앙금은
이미 내 안에 가득한데

또다시
황사바람 불어
내 가슴을 좀먹는 너.

고니

네 어린
하얀 꿈이
깃털마다 눈이 부셔

오뉴월 푸른 햇살
절로 고운 물결이네

그 미소
하늘을 날아
투명해라, 은하수.

바람에
흘려 퍼질까
추억의 갈피갈피

가슴 속 그 많은 불씨
별이 되어 앉았으리

가없는
몸짓의 언어
파문일레, 향수일레.

그림자

나를 따라오다
나를 넘어 뛰어가다

수없이 발길에 채여
돌아설 법도 하건만

내 눈에
눈맞춤하자며
날 바라기 하잔다.

버렸다가 지웠다가
수도 없이 반복해도

아직은 풀지 못할
숙명으로 묶인 너와 나

때때로
이 저승으로
나뉘다가, 합치다가……

갈대 2

누군들 놓치고 싶고
버리고 싶었으랴

달래보고 기도하고
울부짖고 싶은 마음이야

바람은 속이 편할까
유유한 척할 따름이리.

바람에 씻길 때까지는
눕지도 못하는 하늘

손 닿기엔 너무 멀어
휘이 휘이 손짓만 할 뿐

새벽달
이지러질 때
능 부비나 떠난 이여.

가을, 하늘 공원

여름내
쌓인 불면
털어내지 못한 채로

잎새 끝에 불 당기며
긴장하는 단풍의 하루

꼿꼿한
저 하늘 향해
초조로이 손 내민다.

찾는 네 그림자는
만리 밖을 떠도는데

다가오는
한낮의 바람
뉘를 위해 詩를 읊나

빈 하늘
휘저어 봐도
마음만 아픈 가을.

처서(處暑)
―매미

철없이 마구 쏟은
그 아프던 악다구니를

마지막 가는 길엔
차분히 주워 담고

줄 차게
살았던 증표로
허물 하나 남겨놓다.

차라리
7년 잠 속은
기다림의 꿈이었는데

내게는 내일은 없어,
눈물뿐인 오늘 하루

사른 듯
뚝 끊고 나니
이명인가, 환청인가.

파도

무겁게 때론 아프게
나를 향한 당신의 질책

살아, 다 씻지 못할
허물이 들춰지고

유유한
시간 앞에선
죄인 되어 무릎 꿇네.

하루에도 열두 번씩
허튼 맘을 버리건만

어느새 되돌아와
발밑에서 사운대는

돌 하나
던져서라도
깨워야 할 아픔인데.

한 번은 피했다지만
또다시 넘실거리는

이 업연 눈감을 때쯤
벗어질까, 재워질까

파도여,
당신과 나는
잠들 수 없는 오랏줄, 끈.

근황(近況)

내 살아가는 이유
줄줄이 꿰어 봐도

눈길 한 번 주지 않는
인심만 탓하면서

무지한 땡볕 속에서
웅숭그린 그림자.

가슴이 답답하다
이 안 맞는 톱니처럼

오도 가도 못하고
문 틈 새로 언뜻 뵈는

철없이
빈 손으로 그린
일그러진 흔적 하나.

제5부　마음에는 꽃을 달고

승천 못한 삼천용들
저마다의 한이 서려

젖은 섬 곳곳에다
발원의 등을 걸고

일제히
삼천 배 올리며
하늘 문을 두드린다.

밤이면 키를 재던
욕심 없는 이웃처럼

언 손 호호 불어가며
서로서로 손을 잡고

가난도
함께하잔다
마음에는 꽃을 달고.

황산 일출 1

운무

일출을 보렸더니
무명이 앞을 가리네

어지러운 발자취를
깨끗이 닦고 나서

지엄한
하늘의 뜻을
받들라 이르시네.

돌계단

아직은
때가 아니야,
가로누운 돌계단이

한 발짝 오를 때마다
마음을 벗으라네

수억 겁
지나고 나도
다 못 벗을 이 허물.

황산 일출 2
—수금송(豎琴松)

미욱스레 보내고는
밤마다 그릴 줄이야

애끓는 한 가락을
가지 끝에 실어놓고

언젠간
찾아주겠지
기다리는 내 가야금.

운무에 잠긴 채로
외면하듯 아득해도

가야금 끌어당기는
핏물 밴 열 손가락

열두 줄
한꺼번에 뜯어
그대 가슴 울리리라.

* 수금송:황산사절(黃山四絶)이라 불리는 기송(奇松), 괴석(怪石), 운해(雲海), 온천(溫泉)이 있는데, 기송 중의 하나인 이 수금송은 가야금을 받쳐놓은 모양이다.

마음에는 꽃을 달고
—하롱베이

승천 못한 삼천용들
저마다의 한이 서려

젖은 섬 곳곳에다
발원의 등을 걸고

일제히
삼천 배 올리며
하늘 문을 두드린다.

밤이면 키를 재던
욕심 없는 이웃처럼

언 손 호호 불어가며
서로서로 손을 잡고

가난도
함께하잔다
마음에는 꽃을 달고.

죽음의 계곡에서
―모하비 사막을 지나며

할머니 또 그 할머니의 뼈를 묻고 떠났었던
모랫벌 능선에는 그네들 한이 서려
아직도 한 포기 풀도 못 자라는 저주의 땅.

배고픔에 죽어간 어린 자식 묻고서도
한없이 펼쳐지는 개척지의 꿈이 아려
흙 한 줌 움켜쥐고서 놓지를 못했다네.

신기루 꿈이라도 실컷 꾼 날 아침이면
이 악물고 다시 살아 기름진 땅 찾아가자고
지친 몸 추스리면서 절며절며 가던 그들.

인디언의 화살 맞아 한쪽 다리 절며 가다
총잡이들 총알에도 남은 한쪽 잃더라도
부서진 마차 다시 세우며 꿈을 먹던 그날의 길.

풍요로운 땅을 찾던 아픔의 하루하루
이제는 동과 서로 환히 뚫린 하이웨이에서
그 옛날 잊혀진 아픔 누구 하나 기억하랴.

그날의 북소리
―그랜드 캐년

깎이고 깎이면서 견뎌냈던 그 오기로
바다가 절벽이 되는 아득한 세월의 힘
무한히 흐르는 시간도 점 하나에 불과하리.

쌓이고 쌓인 모래톱도 우연이 아닐진대
무심코 만들었던 나뭇가지 말 한 마리
발굽에 힘이 돌아서 이 계곡을 휩쓸 줄이야.

마구잡이 도륙하던 백인들의 총칼 아래
대대로 살아오던 원주민이 몰살 됐던
그날의 인디언 북소리 쟁쟁히 들려올 듯.

자칫 흘려 버릴 그 역사, 눈 귀를 밝혀들어
그 참상, 그 아픔을 한순간도 잊지 말고
강이여, 네 흐름 다할 때까지 도도히 증언하라.

미소
—바이욘 사원에서

어디서 본 듯한 얼굴
오호라, 그렇구나

내 안에 고이 모신
관음보살 그 미소로

너와 나
마음을 열면
상적광토(常寂光土)가 예인걸.

*상적광토(常寂光土):항상 변하지 않는 광명세계, 부처의 처소나 빛나는 마음의 세계를 이르는 말.

압살라
—천상의 유희

오늘 따라 생생한
천상의 그대 노래

천년 기다리고
또 천년 기다려도

이제껏
네 마음에 갇혀
부조(浮彫)로만 떠는 내 유희.

*압살라: '천상의 유희'라 하여 앙코르 유적의 거의 모든 사원의 벽에서 이 압살라의 부조(浮彫)를 쉽게 찾아볼 수 있다.

수상마을 아이들 1
―톤레샵 호수의 수상가옥

밤낮 없이 물살에 흔들리는 내 집이 좋아
땅 위로 올라가면 땅 멀미가 하도 심해
구멍난 하늘이 돌고
나도 따라 빙빙 돌지.

우기 때 떠내려간 집, 냄비 하나 달랑 들고
또다시 풀잎 집을 지어놓으면 그만이지
아무도 눈치채지 못할
우리만의 행복지수.

옷과 피부 모두가 검은 빛이 되더라도
마음만은 때묻지 않아 순백으로 빛이 나고
세상은 나를 중심한
무제한의 행동반경.

*톤레샵 호수:캄보디아에 있는 세계에서 세 번째로 큰 호수.

수상마을 아이들 2
―베트남 보트피플

맨땅이 무언지도 모르는 채 태어나서
제 사는 이곳이 세상의 전부라고
아이는 세계지도를 제나름대로 그렸다.

조국을 버렸는지 조국이 버렸는지
물 위를 떠다니다 조롱박 같은 집을 짓고
모든 것 다 잊어 버리고 제비처럼 살고 싶더니.

상류층은 무엇이고 공산주의는 또 뭔가
대궐 같던 좋은 집에 금은보화 넘쳤다던
어른들 옛날 이야기는 꿈이려니 덮어두고.

저마다 마음속에 가꿔가는 행복지수는
우리들 잣대로는 잴 수가 없단다
아무도 말릴 수 없는 건기(乾期) 우기(雨期)의 물높이처럼.

태풍의 한가운데
―오끼나와의 수리성(首里城)

왕조가 막을 내릴 땐 얼마마한 바람이 일까
아마도 태풍의 눈, 그도 눈을 감았을까
무수한 사연을 접고 돌난간은 식었는데.

어쩌면 애시당초 눈도 귀도 멀었었나
와중에 식솔 잃은 노파 말수도 적어지듯
수례문(守禮門) 빗장 채운 채 고단한 신역(身役) 달래는가.

한 역사(歷史) 지탱했던 마지막 자존심도
태풍의 눈 한가운데 조용히 접어놓은
류큐(琉球)도 일본도 아닌
어정쩡한 그대 모습.

*수리성:오끼나와에 세워졌던 유구국(琉球國)의 성. 유구국은 홍길동이 활빈당을 이끌고 가서 세운 율도국이라는 설도 있음.

백기(白旗)의 소녀

햇빛이 목마르게
사위던 그해 여름

당신 향한 내 의지도
한 폭의 하얀 깃발

땅에도
하늘에서도
숨은 채로
말이 없네.

* 태평양 전쟁 당시 토굴 속에 숨어 지내던 오끼나와의 한 소녀가 백기를 들고 나와 미군에 투항했다 함.

피의 장성(長城)
─만리장성

한 계단 한 계단이
피와 땀으로 젖은 만리

팔백 리를 허물었던
맹강녀(孟姜女)의 통곡 소린

아직도 구천을 떠돌며
돌무덤을 지키는가.

흉노(匈奴)족 화살촉에
흘린 피는 또 얼마……

난세의 얼룩진 자욱
말없이 묻어 버리고

역사는
살륙(殺戮)을 되풀이하며
침묵을 고집터니.

뉘를 위한 만리인가
죽음 앞에 조아리면

눈꺼풀에 스치는 환영(幻影)
그 피를 딛고 서서

이토록
눈 못 감은 산하
천년 잠도 수유(須臾)런가.

* 맹강녀(孟姜女): 시황제가 만리장성을 쌓을 때 제물이 되어서 죽은 인부 범기량(范杞梁)의 처. 남편을 생각하며 통곡을 하니 800리 성이 무너졌다고 함.
* 돌무덤: 공사중 죽은 인부의 시체를 묻고 그 위에 성을 쌓았다고 함.

선물
—옐로우스톤 산불 흔적

물 한 방울 흙 한 줌도
놓일 자리 엄연하거늘

자연을 자연스럽게
놓아둘 수 있는 자만이

알겠지, 시간의 갈피마다
나이테가 무늬짐을.

불에 탄 고사목들
하늘 높이 치솟아서

죽어서 사는 뜻을
온몸으로 깨우치니

황망히 눈길 거두며
마음에 눈금을 긋네.

영원과 찰나 사이
나는 징검다리

바람과 구름 송이
가만 쉬어 갈 수 있게

자연을 수취인으로
나를 부쳐 보내리.

초록 편편(片片)

평원

눈 닿는 산지사방
온통 초록이구나

고단히 걸어왔던
맨발 다 보여주렴

유월이 등을 내밀어
너를 업고 있구나.

원시림

어둠과 빛을 가른
태초의 이야기들

천년 침묵 속에
천년을 다시 건너

비로소 열반에 든다,
날 깨우는 네 숨소리.

페이토 호수

마지막 네가 올린
잔이 넘쳤다면

넘친만큼 그렁했던
눈부처 오롯하게

예 와서
기다릴 줄을
미처 알지 못했네.

*눈부처:눈동자에 비쳐 나타난 사람의 형상. 동자부처.

에메랄드 호수

네게 저어가는
내 마음 조각배를

무슨 수로 그려내고
어떤 말로 오려내리

신의 손
잡을 수 있게
이냥 물에 빠질거나.

| 해설 |

일상과 여행, 꽃에게서 삶의 길을 묻다

오종문
(시조시인)

1. 들어가면서

 '시는 무엇을 스승으로 삼는가?'라는 물음에, 조선 후기 실학자 박제가(朴齊家)는 이덕무(李德懋)의 시집에 얹은 서문 〈형암선생시집서(炯庵先生詩集序)〉(『궁핍한 날의 벗』)에서 '하늘과 땅 사이에 가득 찬 모든 것이 다 시입니다. 사계절은 변화하고, 온갖 소리는 웅성거리는데 그 몸짓과 빛깔 그리고 소리와 리듬은 자유자재합니다. 어리석은 자는 그런 현상을 깨닫지 못하지만 지혜로운 자는 그 현상을 받아들입니다. 따라서 다른 작가의 주둥이에서 나오는 말이나 우러러보고, 케케묵은 종이쪽지에서 근거 없는 찌꺼기나 줍는 글쟁이들이야말로 근본에서 너무도 많이 벗어났다'라고 했다. 시인이 직접 경험할 수 있는 현실과 자연에서 소재를 찾아 개성대로 시를 쓰자고 설파한 박제가의 시론에 놀라지 않을 수 없다.
 그렇다. 시는 이 세상에 존재하는 많은 것 중에서 역사와 사회와 현실(일상)이라는 토양 속에서 탄생한다. 때문에 시인의 가족사에 일이 생기면 그와 관련된 시가 태어나고, 아름다운 자연을 보면 시심이 우러난다. 또한 시는 세상을 놀라게 하는 사건이나 나라에 큰일이 일어났을 때, 여행 중 느낌이나 감상에 의해 시인의 마음인 양분을 먹고 자란다. 개인의 육체적·정신적 고통, 사랑과 이별의 아픔에도 시는 태어난다. 이처럼 삶의 이야기인 일상은 개인에게 꿈꿀 수 있는 시심의 텃밭을 제공하고, 사색의 싹을 틔워 시의 열매를 맺게 한다. 시는 인간의 심성을 먹고 자라기 때문이다. 그러나 이 모든 것이 다 시가 되는 토양은 아니다. 시는 인간이 가지고 있는 편견의 산물일 수도 있고, 시도 인간의 영혼도 불구인지도 모르기 때문이다. 홍오선 시인의 시도 이 예외서 벗어날 수는 없다. 그의 시에서도 아픈 과거의 이야기들이 묻어나고, 솔직한 삶의 이야기가 들꽃 향기처럼 배어나고, 여행을 통해서 새로움을 발견하고자 하는 시인의 삶 이야기가 녹아 있기 때문이다. 그리고 그 이야기 속에는 시심 회복과 생명 회복이라는 건강한 메시지가 있다.

2. 일상—사랑니 뽑다

시력 20여 년에 다섯 권의 시집을 낸 홍오선 시인. 1985년 『월간문학』을 통해 등단 후 『繡를 놓으며』(1988년), 『내가 주운 하얀 음표』(1992년), 『하늘 바라 서리라』(1999년), 『행복찾기』(2001년), 『내 손 안 푸른 지환』(2003년)을 세상에 내놓았다. 시인은 『내가 주운 하얀 음표』 작가의 말에서 '나는 내 평범한 삶을 사랑한다. 때묻지 않은 깨끗한 마음으로 생활의 수레바퀴를 돌려가려 한다. 부족함과 넘침이 없는 무욕(無慾)의 공간에 진솔한 마음의 평정을 접목시키려는 나의 의도에 한 사람이라도 귀 기울여 준다면 더할 수 없는 위로와 보람이 될 것이다. 일생에 단 한 번 가장 아름다운 목소리를 내기 위해 날카로운 가시에 찔려 죽는다는 가시나무새의 창조적 생의 마감을 값진 교훈으로 삼아 나의 모든 정열을 쏟아보려 한다'고 고백하고 있다. 그리고 '밭만 열심히 갈고 씨를 뿌리지 않고서야 어떻게 탐스런 열매를 기대하겠는가. 연못 속에 던지는 한 구절의 시상(詩想)이 파문처럼 남의 가슴에 각인될 수 있도록 정말 멋진 작품을 나는 영원히 쓸 수 없는 것일까?(『내 손 안 푸른 지환』 시인의 말 중에서)라고 고뇌하면서 지금까지 문학의 길을 걸어오고 있다. 시인의 고백처럼 독자의 심금을 울리는 시를 쓸 수 없는 것인가라는 물음을 안은 채 작품 한 편을 만나 보자.

사랑은 아픈 거라며
아름아름 앓는 거라며

감싸고 다독여 온
마흔 해, 사랑니 뽑다

아득한
삶의 분화구
길이 하나 놓인다.

이 시집의 제목이기도 한 〈사랑니, 뽑다〉 전문이다. 주제는 앓던 사랑니를 뽑아낸 이야기이지만 시의 행간에 감춰진 시인의 마음을 읽을 수 있다. 사실 사랑니는 어른이 되면 그 존재조차도 잃고 산다. 그러나 치통을 앓게 되면 발치해야만 고통에서 해방될 수 있으며, 잘못 발치하면 목숨까지도 잃을 수 있다. 시인은 인생이란, 삶이란 바로 사랑니와 같은 존재라고 우리에게 말하고 있는 것이다. 그리고 가끔 치통을 유발해 자신의 존재를 각인시키면서 기쁨과 환희의 길을, 눈물과 회한, 사랑과 이별이란 인생의 길을 함께한 동반자이다. 하지만 이제는 40여 년 동안 '감싸고 다독여 온' 사랑니를 뽑아내야만 한다. 왜일까? 발치를 하지 않으면 고통이 심해지고 더 큰 병으로 깊어지기 때문이다. 그리고 텅 빈 그 삶의 분화구에 새로운 삶을 채우기 위해서이다. 그 분화구에 무엇을 채우느냐는 시인만이 알고 있다. 새 살이 돋아 새롭게 놓이는 그 길은 현재의 삶보다 더 험하고 위험하며 힘든 길일 수도 있다. 추측건대 그 길은 평생 가슴앓이하고, 수많은 시간을 쏟아 붓고, 숱한 밤을 하얗게 새면서 괴로워했던 삶, 그 삶을 살게 한 문학의 길, 바로 시를 창작하는 길이 아닐까. 이러한 시인의 마음은 〈바람개비〉란 작품에서 잘 드러난다.

  때때로 엇갈리며
  헛도는 나의 일상

  한번쯤은 보란 듯이 휘달리고 싶었는데

바람은
거꾸로 간다
날 두고 혼자 간다.

동서에서 남북으로
어제, 그리고 내일
언제 어디서고 바람은 불건마는
한사코 한 곳만 바라보다 굳어 버린 시력이여.

등 떠밀려 살아온 서러운 반쪽 세월
눈 시린 순간순간 희미한 옛일까지
가만히 손으로 돌린다
아득하다, 그 고샅길.

퇴화된 날개 사이로 바람이 들고 날 때
날고 싶다, 날고 싶다, 잠든 욕망 들깨우면
비로소
신열 끓는 내 아픔
꽃이 되어 벙근다.

    시인은 〈바람개비〉를 통해 세상에 하고 싶은 말을 하고 있으며, 앞으로 걸어가야 할 길을 알기에 스스로 마음을 다잡고 있다. 바람개비가 바람을 맞으면 오색찬란하게 돌아가듯 세상 사람들에게 도움을 주는 바람을 맞아 세상을 향해 큰 울림이 있는 시를 쓰고 싶은 것이다. 그런데 '바람은/거꾸로 간다/날 두고 혼자 간다' 면서 시 창작의 어려움을 고백하고 있다. 그러나 시인은 좌절하지 않고 아름다운 꽃을 피우기 위해 고뇌한다. 그리고 바람개비가 바람을 맞아 무지갯빛 꽃을 피우듯 시인도 많은 아픔을 이겨내고 마침내 시인의 의지대로 꽃을 피운다. 그렇지만 시인이 살고자 하는 인생은 화려한 삶이 아니다. 남들이 알아주지 않고 관심도 가져주지 않는 조연 배우 같은 삶을 살고자 한다. 그러나 자신의 속마음을 솔직하게 털어놓는다. 무대 위에서 화려하게 조명받기 위해 '무대 뒤 끝/몰래 눈물 훔치'면서 '그래도 한 번쯤은/볕들 날 있'을 것이라는 주연 배우의 삶을 살고 싶어하는 것이다. 하지만 시인은 이내 '조연의/눈물 젖은 빵/그게 바로 사는 맛'(〈황홀한 조연(助演)〉)이라고 말한다. 남에게 상처주기를 싫어하고 남을 배려할 줄 아는 시인의 고운 심성 때문이다. 이러한 심성은 〈수레〉란 작품에서 잘 드러난다.

오늘 하루 무사했구나
그런대로 잘 넘겼구나

오솔길, 자갈밭길, 비탈길 다 지나서

대로에
들어섰는데
자꾸 힘이 부치다.

모난 세상 돌부리에 긁히고 넘어져도

혹여나 내 바퀴에 상처 난 길 없었을까

앞섶을 여미어 가며 지난날을 돌아본다.

시인은 이 작품을 통해 '오솔길, 자갈밭길, 비탈길 다 지나서//대로에/들어섰는데/자꾸 힘이 부치다' 라고 말하고 있다. 삶으로 은유되는 오솔길, 자갈길, 비탈길을 무사히 빠져나와 좋은 길에 올라섰는데 왜 힘이 들까? 시인은 지친 것일까 아니면 세상을 너무 잘 알기에 더욱 조심스러워지는 것일까? 그렇다. 끝없이 부풀어 오르는 자신의 욕망을 스스로 경계하고, 세상을 무서워할 줄 아는 마음 때문이다. 그래서 '모난 세상 돌부리에 긁히고 넘어져도//혹여나 내 바퀴에 상처 난 길 없었을까//앞섶을 여미어 가며 지난날을 돌아' 보는 넉넉한 어머니 마음이다. 이처럼 시인의 일상은 곧 삶으로 시의 소재가 되고 시가 되는 것이다. 제1부 '황홀한 조연'에 수록된 일련의 작품들은 일상의 삶 속에서 시를 건져내고 얻어낸 작품들로, 시인이 어떤 눈으로 세상을 보고 무엇을 추구하며 살아가려고 하는지를 작품으로 말해 주고 있다. 시인의 눈에 비치는 사람들의 삶과 직접 체험하는 일상을 예사스런 눈으로 보지 않고 그것을 삶에 견주어 일상의 언어를 시로 승화시키고 있는 것이다.

3. 여행—낯선 곳에서 나를 발견한다

인간은 다양한 직업을 가지고 다양한 삶을 살아간다. 시인의 경우 많은 책을 읽거나 시를 짓는다. 그리고 시의 영역과 깊이를 넓히기 위해 여행을 하기도 한다. 이 땅의 자연과 사물과 대화하고, 세계의 수많은 인종과 접촉하면서 그 나라의 풍습과 삶의 지혜를 배운다. 외로움에 가슴 아파하고, 더는 참을 수 없는 고독에 마음을 상하기도 하며, 침묵 속에서 사람들과 단절되기도 한다. 이처럼 길에서 마주하는 다양한 삶의 틀을 의식하면서 살아가거나 어떤 목적을 넘어서는 의미를 갖는 길이 바로 여행이다. 이 길을 걷는다는 것은 일상적인 삶으로부터의 일탈이다. 그리고 그 길 끝에서 만나는 기쁨은 지친 몸을 쉴 수 있고, 메마른 감정을 고를 수 있는 시의 오두막이 있기 때문이다. 하여 여행을 하는 이유는 낯선 곳에서 자신을 발견할 수 있고, 세상이 아름답기 때문이다. 또 세상이 아름다운 것은 그곳에 바로 사람이 살고 있고, 사람이 사는 곳엔 삶의 이야기가 있기 때문이다. 그럼, 시인이 다녀온 미국 서부로 떠나 백인들의 총칼 아래 원주민 인디언들이 몰살을 당한 그 아픈 역사를 고발한 그랜드 캐년을 만나 보자.

깎이고 깎이면서 견뎌냈던 그 오기로
바다가 절벽이 되는 아득한 세월의 힘
무한히 흐르는 시간도 점 하나에 불과하리.

쌓이고 쌓인 모래톱도 우연이 아닐진대
무심코 만들었던 나뭇가지 말(馬) 한 마리
발굽에 힘이 돌아서 이 계곡을 휩쓸 줄이야.

마구잡이 도륙하던 백인들의 총칼 아래
대대로 살아오던 원주민이 몰살됐던
그날의 인디언 북소리 쟁쟁히 들려올 듯.

자칫 흘려 버릴 그 역사, 눈귀도 밝혀들어
그 참상, 그 아픔을 한순간도 잊지 말고
강이여, 마를 때까지 도도히 증언하라.

콜로라도 강 급류가 만들어낸 대협곡 그랜드 캐년, 그 진가는 이 계곡이 현재의 형태를 유지하기까지의 20억 년에 가까운 유구한 시간에 있다. 필자는 가 보지 못했지만 서부 영화에서 존 웨인이 말을 타고 달리던 모뉴먼트 밸리(Monument Valley), 하바수파이 인디언 전사들이 누비고 다녔을 그 광활한 땅 그리고 그 땅의 장엄함을 음악으로 표현한 그로페(Ferde Grofe)의 '그랜드 캐년 조곡' 5악장을 기억한다. '해돋이, 붉은 사막, 산길을 가다, 일몰, 호우'로 된 이 곡은 그랜드 캐년 일대의 장관을 배경으로 나무와 짐승과 새들과 사람과의 생활 등을 묘사하고 있다. 웅대한 연주를 들으면 곡선을 그리며 구불구불 흘러가는 콜로라도 넓은 강의 흐름과 시시각각 변화하는 태양의 빛 등이 원시적인 숨결을 전해 주는 느낌을 받는다.

그런데 시인은 그랜드 캐년의 아름다운 자연만 보는 것이 아니라 그 이면을 들여다보고 있다. 스페인 사람에 의해 처음 세상에 알려지게 된 그 이전부터 터를 파고 살아온 아파치 인디언의 선조인 아니시지 족의 역사와 함께 서부 개척시대 때 부족과 삶의 터전을 지키기 위해 투쟁한 후손들이 백인들의 총칼 아래 무릎을 꿇은 채 지금은 보호지구 안에서 살아야만 하는 인디언들의 아픔을 현장에서 목격하고 있다. 그리고는 격하게, 아주 단호하게 '자칫 흘려 버릴 그 역사 눈 귀를 밝혀 들어/그 참상, 그 아픔을 한순간도 잊지 말고/강이여, 마를 때까지 도도히 증언하라'고 목소리를 높이고 있다. 그런가 하면 세계에서 세 번째로 큰 호수인 캄보디아 톤레샵 수상가옥을 돌아보면서 느낀 단상을 시로 옮긴 〈수상 마을 아이들 1〉에서는 시인의 눈높이가 어디에 있는지 보여준다. 문명과는 멀리 떨어져 사는 것이 미개할지라도 그들만의 '행복지수'를 바라보고, '마음만은 때묻지 않아 순백으로 빛' 나는 사람들의 마음을 들여다볼 줄 아는 시심을 가졌다. 그리고 베트남 보트피플의 삶을 노래한 〈수상마을 아이들 2〉에서는 '상류층은 무엇이고 공산주의는 또 뭔가/대궐 같던 좋은 집에 금은보화 넘쳤다던/어른들 옛날 이야기는 꿈이려니 덮어두'라고 하면서 전쟁의 상흔과 아이들의 소박한 꿈이 어른들의 이기주의에 무너져 버린 아픔을 토로하고 있다. 하지만 시인은 아이들이 좌절하지 않고 그들만의 소박한 꿈을 키우고 산다는 따뜻한 희망의 메시지를 전해 주고 있다. 시인은 앞으로도 여행을 계속할 것이다. 그리고 낯선 곳에서 자신을 찾고, 많은 여행시를 창작해 우리가 접해 보지 못한 그들의 역사와 문화, 아픔과 사랑 등 삶의 지혜를 시로 들려줄 것이다.

4. 꽃에게 삶의 길을 묻다

시인은 『내 손 안 푸른 지환』에 수록된 〈뜨개질〉 연작에서 '이 세상 모두를/꽃밭으로 만들리라//山만한 생각들이/꽃이 되고 별이 되네//허물도 마냥 덮어주는/큰사랑을' (《뜨개질 1》) 짜리라고 말하고 있다. 그리고 그곳에 '포근한 내 사랑도/외로움도 새겨 넣' (《뜨개질 2》)고, '잊을 건 풀어 버리고/버릴 건 잘라 버' (《뜨개질 5》)릴 것이다. '나름대로 설계하고/밑그림도 그

렸지만//짰다간 다시 풀고/세월만 허송하다//결국엔/얼기설기 꿰맨/미완성의 그물망'(〈뜨개질 7〉)이 된 자화상이 될지라도 그는 이 세상의 꽃들을 노래할 것이다. 그리고 그 꽃에게 삶의 길을 물을 것이다.

> 풋내기 가슴에 쌓인 하룻밤의 만리장성
>
> 내 안에 버는 것이 몰래 피운 꽃이었음을
>
> 그대가 떠나고서야 알아채는 미련퉁이.
>
> 단 한 줄 변명이라도 놓고 가면 좋았을 걸
>
> 저자엔 눈치도 없이 흐드러진 꽃 난전
>
> 무시로 터지는 한숨에 꽃이 지네, 꽃 지네.
> ―〈꽃이 지네〉 전문

시인의 마음 속에 자리 잡은 사랑이 이런 사랑이 아니었을까? 좋아하면서도 좋아한다는 말을 못하고 싫어도 싫다는 말을 못하는 마음, 혹시 상대가 상처받을까 남을 배려하면서도 자신은 가슴앓이를 하는 사랑……. 시인은 임이 '풋내기 가슴에' '하룻밤의 만리장성'을 쌓아주고 떠난 뒤에야 사랑임을 깨닫고, '내 안에 버는 것이 몰래 피운' 사랑 꽃을 피워준 임을 떠나보낸 뒤에야 깨닫는 자신을 자책하면서 '미련퉁이'라고 말한다. 어찌 보면 임 앞에서 고백하지 못하는 시인의 순진무구한 사랑을 읽을 수 있는 대목이다. 사랑하는 임이 어떤 변명이라도 했으면 이렇게까지 마음이 아프지 않았을 텐데 한 마디 말도 없이 떠나 버린 임이 남겨주고 간 사랑의 아픔은 너무 크다. 그런데 그 마음도 몰라주고 '저자엔 눈치도 없이 흐드러진 꽃 난전'이라고 하면서 애꿎은 꽃에게 불편한 심사를 토로하고 있다. 그리고 말없이 떠나 버린 임을 원망하면서 내뱉는 한숨에 무시로 '꽃이 지네, 꽃 지네'라고 말한다. 바람결에 또는 우연의 일치로 꽃잎이 떨어지는 그 자연 현상을 시인은 자신의 마음을 이해하고 꽃이 진다고 표현하고 있다. 꽃은 시인이며, 꽃이 피고 지는 것은 바로 시인의 마음이다. 이처럼 〈꽃이 지네〉의 꽃이 사랑을 은유한 꽃이었다면, 〈꽃의 의미 1〉은 자유를 그리는 꽃이라고 말할 수 있다.

해마다 이맘때면
다시 활활, 타는 목숨

너를 향한 곡진한 맘
말로는 다 모자라서

온몸에 심지 돋우고
꽃이 되고
재가 되고.

앙가슴
찢고 찢으며
너를 향해 피워 올린

그 불꽃, 목마름을
눈치채지 못하는 너

내일은
그 이름 묻고
다시 노래 부르리라.

　시인은 각각의 꽃에 의미를 부여해 생명력을 불어넣고 있다. 아름다운 꽃 그 자체로 바라보는 것이 아니라 생명력과 의미를 부여하는 것이다. 이른 봄 세상에 처음으로 얼굴을 내미는 〈냉이꽃〉을 바라보면서 '아직도 살아 있음이 뭉클한 그 이유는//이렇게 떨리는 얼굴로 네 하늘 지' 키고 있으면서 누군가에게 선택되기를 기다리는 냉이의 마음을 표현하고 있다. 시인은 냉이가 태어난 숙명적인 이유가 화목한 가족의 밥상을 위해 된장국을 꿈꾸며 세상에 태어난다고 말하고 있는지도 모른다. 그러나 사람의 눈길도 받지 못한 냉이에게는 '너를 향해 목을 드는 낱낱의 꽃잎마다//그렁한 눈물인 걸 하나씩의 별빛인 걸//여직껏 부여잡은 채 놓지 못한 인연 줄' 이라고 말하면서 안타까운 마음과 함께 질긴 생명력을 표현하고 있다. 그리고 〈박꽃〉에서는 자연의 순리대로 꽃이 피고 지는 것, '흐르면 흐르는 대로/넘치면 넘치는 대로//인연이 닿는 대로/물길 따라 가다 보면//바람아,/너는 무엇을 담아/네 안에 꽃 피우려나'(종장) 하면서 왜 너만 꽃을 피우고 내 가슴엔 꽃이 피지 않느냐고 박꽃에게 묻는다. 시인이 마음의 꽃을 피우고 싶은 것은 바로 삶의 꽃을 피우고 싶어하기 때문이다. 〈벚꽃〉에서는 시인의 여유로운 마음을 읽을 수 있다. 가시내가 그것도 '하얗게 마음이 달뜬 가시내' 가 봄이 되어 이성을 만날 수 있다는 설레는 마음을 솔직하게 표현한 시로, 봄바람에 벚꽃이 하르르 날리는 벚꽃 구경을 보지 않고는 견딜 수 없다는 봄 처자의 심리를 표현하고 있다. 〈목련 지다〉에서는 많은 날의 시련을 극복하고 어렵게 꽃을 피웠건만 지는 때는 너무도 허무하게 져버린 안타까운 시인의 마음을 그려내고 있다. 그것도 '황망히/가 버린 자취/적막하다 저, 꽃잎'이라고 했다. 목련이 지는 그 순간 세상은 적막하다고 표현한 것이다. 참으로 섬뜩한 낙화 장면이 아닐 수 없다. 시인은 한낮 목련꽃이 뚝 하고 땅에 지는 것을 바라보면서 인간도 세상을 떠나면 이처럼 적막하다고 말하고 있다. 또한 〈죄〉에서는 '사랑이란 죄명으로' 몰래 훔쳐본 것도 죄가 된다고 말한다. 누구나 아름다운 꽃을 보면 꺾고 싶은 것이 인지상정이다. 그런데도 시인은 단지 훔쳐보는 것만으로도 죄가 된다고 말하고 있다. 이유가 뭘까? 바로 '눈물로도 씻지 못할 아픔' 때문이다. 그 아픔은 바로 세상을 먼저 보낸 자식에 대한 그리움으로, '피보다/더 아린 정한이/날 기다리고 있었'다고 말한다. 그렇다. 처음 장미를 지켜볼 때는 아름다움만 볼 수 있지만, 그 아름다움을 사랑하려면 장미의 가시가 주는 아픔까지도 감내해야 한다. 장미의 아름다움뿐 아니라 가시가 주는 아픔까지도 사랑할 때 그 장미를 가질 수 있듯이, 우리 사랑 또한 그러해야 한다는 것을 말하고 있다. 세상을 먼저 보낸 자식에 대한 그리움은 이것으로 끝나지 않는다. 이제 시인의 가슴에 화석처럼 멍든 그 그리움을 만나러 가자.

5. '네게서 묻어오는 그 안부 멀고 멀다'

때때로 물안개로
기다리는 너의 모습

아픔보다 그리움이
먼저 와서 소리치면

깃보다
가벼운 심장
나직나직 우는가.

가끔은 안개비로
때로는 회오리로

차가운 나의 어깨
지심으로 녹이는 손

언제나
꿈처럼 왔다가
바람처럼 엇스치네.

세월의 간이역마다
날 부르는 그 목소리

묻고 돌아서면
그 뿐일 줄 알았는데

점점이
남긴 발자국
가슴에 화석이 되네.
  -〈너는,〉 전문

시인은 아직도 마음으로부터 한 사람을 떠나보내지 못하고 있다. 세월이 흘렀음에도 '때때로 물안개로' 피어올라 모습을 보여줄 것이라고 믿는다. 얼마나 사랑하고 그리웠으면 그리 될까? 그러나 그 사람은 현실이 아닌 '언제나/꿈처럼 왔다가/바람처럼 엇스' 쳐가면서 그리움만 더해 줄 뿐이다. 그리고 그 그리움은 '세월의 간이역마다' 나타나 다시 기억하게 만든다. 세월이 흐르면 잊혀질 것이라고 믿었는데 잊혀지지 않고 '가슴에 화석'으로 남은 것이다. '지친 갈대 품어 안고/당당히 키운 목숨'(《늪》)이기에 더욱 애틋하다. 이러한 자식에 대한 사랑과 그리움, 애정을 '잊는다,/잊었다고'(《풍경》) 말을 했지만, 아들을 생각하는 마음은 시인의 가슴 과녁에 꽂혀 뽑히지도 않은 채 결국엔 병으로 깊어진 것이다. 얼마나 슬프고 가슴이 아팠으면 과녁의 화살로 꽂힐까. 그 아픔은 때로 아들이 돌아오기를 기다리는 망부석이 된 시인에게 달무리가 되어 나타나기를 간절히 바란다(《열나흘 달》). 그래서 '행여 네 소식 들을까/문고리에 매달려서//한겨울 긴 긴 꿈이/바래어 사윌 때까지' 기다리지만 '마른 꽃 한 장 피우고/서쪽으로 돌아'(《낮달 3》) 서는 낮달처럼 서글퍼지는 것이다. 그런가 하면 '너무 많이 흘러가 버린 희미한 길 위에서/세상은 거꾸로 돌리지도 못한다며/추억은 소중한 것이라/바람개비만 돌'(《꿈길》)리는 그 꿈이 차마 깰세라 눈도 뜨지 못할 정도로 그리워한다.

이처럼 아들에 대한 그리움은 작품 곳곳에 등장한다. 눈 내리는 밤 하얀 눈을 바라만 봐도 마음이 너무 시려 가슴에 '채

곡채곡 개켜두고/아껴둔 한 마디 말//어둠에 풀어놓으면/네게 닿을 수 있'(《눈 오는 밤》)다면서 지금까지도 아들의 죽음을 받아들이지 못하고 있으며, 저문 강을 바라보면서도 '손 저어/홀로 떠가는/저문 강의 조각배'(《저문 강》)처럼 혼자 저승에 있을 아들을 그리워하고, '즈믄 해 저편에서/손짓하는 까치놀에//내 마지막 기다림이/활활 타고 있었네' 라면서 자식 곁으로 가고 싶은 마음을 토로하면서 함께 여행했던 발자국을 따라 다닌다. 그러나 시인은 언제까지나 그 추억에 젖고 과거의 발자국을 따라다니는 것은 아니다. 눈만 뜨면 세월의 마디마디 그리움이 싹터 괴로워하지만, 이제 그 업보로부터 모든 것을 놓아 버리려고 한다. 그래서 부처 앞에서 3천배를 하며 업보를 자신의 것으로 돌린다. 아마 무릎이 깨지고 온몸에서는 비지땀이 흘러내리는 고통이 따랐으리라. 그 고통 끝에서 시인은 짧은 인연을 허락한 것도, 눈물로 밤을 지새우는 것도 다 자신의 업이라는 사실을 깨닫는다. 그럼에도 '간 곳을 모르겠어요/간 뜻도 모르겠어요'(《모르겠어요》)라고 부처에게 하소연을 한다. 참으로 질긴 인연의 끈을 놓지 못하는 것이다. 그래서 시인은 한 줌 재로 뿌렸던 그 강가로 나아간다. 그리고 그 '강물이 너무 깊어/네게 갈 수 없다면//마음의 옹이를 잘라'(《징검다리》) 이어서 싱검다리를 민들이 그가 있는 하늘문에 닿아 만나고 싶다는 간절한 소망을 피력한다. 그렇다. 이제 시인은 그것들을 놓아 버림으로써 새로운 것들을 채울 수 있으리라. 그것은 바로 그를 치료하고 마음 넉넉하게 해 주는 시 창작의 길일 것이다. 문학도 산 자의 일이고, 사랑도 산 자의 일이고, 아픔도 희망도 다 산 자의 일이기 때문이다.

6. 글을 마무리하며

홍오선 시인이 일상의 삶들을 문학의 소재로 삼거나 여행시를 창작하고, 꽃으로부터 삶의 길을 묻거나 아들에 대한 그리움과 주변의 사랑을 시의 소재로 삼는 것만은 아니다. 과거의 역사에 마음 아파하면서 그것에도 시선을 돌린다. 1968년 북파 공작을 목적으로 창설된 '실미도 684부대'에 관한 실화를 영화화 한 작품 〈실미도〉를 보고 느낀 그 감상을 시로 옮긴 〈목숨〉을 통해 이 사건의 존재만으로도 비극이라고 하면서 그 진실이 밝혀지지 않았다는 사실에 분노하고 있다. '통곡하고 싶은 게 어디 우리 목숨뿐'인가 하고 울분을 토해내면서 '어머니 그리운 품은 돌아갈 수 없는 강이 되었다'고 말한다. 어디 그 뿐인가. 아직도 진실이 묻혀진 채 억울하게 죽은 자식들 죽음의 명예회복을 바라는 시인의 간절한 마음이 그려지고 있다. 또 〈눈물, 전쟁과 우애〉란 시에서는 '죄 없이 죽어간 내 누이 형제 앞에', '눈물에 범벅이 된 채 절규하는 산하'가 된 목숨을 두고 장롱 속에 아직도 그 주인을 기다리고 있다는 구두 이미지를 통해 동족상잔의 전쟁을 '이 땅의 자화상이'라고 말하고 있다. 그리고 〈다시 진달래〉에서는 자유를 위해 산화해 간 젊은 넋들을 위해 '꽃 울음/목놓아 울며/너를 안고' 간다는 어머니로서의 따듯한 마음을 보여주기도 한다.

이 시집에 수록된 시들은 짧고 간결하지만 일상의 이야기와 여행, 식물성과 여성성이, 초월적인 것이 함께 어우러져 조화를 이루고 있다. 이러한 작품들은 다양한 주제로 개인에게 새겨진 삶이라는 문양이 얼마나 처연한가를 〈가시나무새〉라는 작품을 통해 보여주고 있다. 일생에 단 한 번 우는 전설의 새. 이 땅의 그 어떤 피조물보다 아름답게 우는 가시나무새. 이 세상의 어떤 소리보다도 아름답고, 둥지를 떠나는 그 순간부터 가시나무를 찾아 헤매는 새, 가장 길고 날카로운 가시를 찾아 스스로 자기 몸이 찔리게 하고 죽어가는 새 그리고 그 고통을 초월하면서 종달새나 나이팅게일도 따를 수 없는 아름다운 노래를 부르는 새, 가장 아름다운 노래와 목숨을 맞바꾸는 새, 그리하여 온 세상은 침묵 속에서 귀를 기울이고 신까지도 미소를 짓게 하는 새, 가시나무새다. 시인은 이 가시나무새가 되고 싶은 것이다. 위대한 고통을 치러야만 비로소 가장 훌륭한 것을 얻을 수 있기 때문이다.

짐짓 내 사랑을
외면하는 당신 앞에

단 한 번 고운 노래
부를 수만 있다면

천만 번 네 가시에 찔려
죽으리라, 죽으리라.

내 온몸 조각조각
세상을 떠돌더라도

뉘 모르게 덮었었던
가시 같이 아픈 사랑

내 심장
피울음 찍어
연서 한 장 써 보내리.

한 벌 뿐인 목숨인들
두려우랴, 아까우랴

네 혈맥 곳곳으로
내 뜨거운 피가 돌아

비로소
가시 꽃에 피는
천년 사랑 천년 노래.
―〈가시나무새〉 전문